F. UZUREAU
Directeur de l'*Anjou Historique*

LES ÉLECTIONS

ET

Le Cahier du Tiers-État

DE LA

VILLE D'ANGERS

(1789)

ANGERS
G. GRASSIN, IMPRIMEUR-ÉDITEUR
40, rue du Cornet et rue Saint-Laud

1912

F. UZUREAU
Directeur de l'*Anjou Historique*

LES ÉLECTIONS

ET

Le Cahier du Tiers-État

DE LA

VILLE D'ANGERS

(1789)

ANGERS
G. GRASSIN, IMPRIMEUR-ÉDITEUR
40, rue du Cornet et rue Saint-Laud

1912

LES ÉLECTIONS

ET

LE CAHIER DU TIERS-ÉTAT

DE LA

VILLE D'ANGERS

(1789)

A peine le roi, par l'arrêt du 8 août 1788, eut-il fixé la tenue des États Généraux au 1er mai 1789 et, par celui du 15 octobre, eut-il invité les notables à se réunir le 3 novembre à Versailles pour lui donner leur avis sur la façon dont il fallait procéder aux élections, qu'une agitation indescriptible s'empara de tous les esprits d'un bout de la France à l'autre, chacun se croyant appelé à aider le prince de ses conseils. Le mouvement se fit sentir dans la province d'Anjou comme dans les autres régions.

Le 27 décembre parut le *Résultat du Conseil d'État du Roi tenu à Versailles*, et les dernières formalités à observer pour procéder au vote, furent déterminées par les *Lettres royales* du 24 janvier 1789 et le *Règlement* y annexé.

Ces deux derniers documents arrivèrent à Angers le 13 février. M. d'Autichamp, lieutenant de roi des ville et château d'Angers, représentant le gouverneur militaire de l'Anjou, les communiqua immédiatement à l'officier principal du palais de justice (1).

Le soin de faire publier en Anjou la lettre et le règlement de Sa Majesté incombait au grand sénéchal d'épée; mais ce dernier n'avait pas un titre légal et régulier, ayant négligé la formalité dispendieuse de l'enregistrement des lettres patentes (2). C'était au lieutenant-général de la sénéchaussée principale (3) de la province à remplacer le grand sénéchal; or, depuis la mort de M. de Marcombe, en 1780, cette charge était demeurée vacante à Angers, et le lieutenant particulier, M. Milscent, en remplissait les fonctions (4).

Le 14 février, ce dernier fit enregistrer les documents royaux au Présidial, et six placards furent aussitôt affichés dans les endroits accoutumés pour donner la publicité. Le même jour, M. Milscent rendit, en conséquence, pour leur exécution une ordonnance qui reproduisait dans ses dispositions essentielles le règlement du 24 janvier. Le procureur du roi publia la lettre et le règlement du souverain, en même temps

(1) Le palais de justice se trouvait *place des Halles ;* il a été démoli en 1904.

(2) Les lettres du comte de la Galissonnière, contenant commission de la charge de grand sénéchal d'épée, furent lues et registrées en l'audience de la sénéchaussée d'Angers, le 3 mars 1789. Sa nomination datait de 1768.

(3) La sénéchaussée d'Angers était appelée « sénéchaussée principale d'Anjou » et les quatre autres « sénéchaussées secondaires ».

(4) Le lieutenant général de la sénéchaussée de Baugé prétendit que c'était à lui de remplacer le grand sénéchal et non à Milscent, simple lieutenant particulier, « puisque de tout temps les lieutenants généraux d'Angers, Saumur et Baugé ont tenu le ban et l'arrière-ban *ad turnum*, même commandé la noblesse ». Cette lettre fut écrite le 14 février 1789 au Garde des Sceaux. Barentin répondit, le 18, que le lieutenant particulier de la sénéchaussée principale remplaçait de droit son lieutenant général. (*Archives Nationales*, B III, 7.)

que l'ordonnance, dans les villes, bourgs, villages et communautés du ressort de la sénéchaussée d'Angers; de plus, il transmit les trois pièces au lieutenant général de la sénéchaussée de La Flèche, au lieutenant général de la sénéchaussée de Château-Gontier, au lieutenant civil de la sénéchaussée de Baugé et au sénéchal de la sénéchaussée de Beaufort, qui les publièrent dans leur ressort (1).

Voici les dispositions relatives au tiers-état, le seul ordre dont nous ayons à nous occuper.

Les maires, échevins et autres officiers municipaux des villes, bourgs, villages et communautés, devaient être sommés par un huissier royal de faire lire et publier au prône de la messe paroissiale, et aussi à la porte de l'église après la messe, au premier jour de dimanche qui suivrait cette notification, la lettre du roi, le règlement y annexé et l'ordonnance. Au plus tard huit jours après ces publications, tous les habitants du tiers-état, nés Français ou naturalisés, âgés de 25 ans, domiciliés et compris aux rôles des impositions, étaient tenus de s'assembler au lieu accoutumé, ou à un autre indiqué par les officiers municipaux. On y devait d'abord procéder à la rédaction du cahier des plaintes, doléances et remontrances qu'ils entendaient faire au roi, et présenter les moyens de subvenir aux besoins de l'État ainsi qu'à tout ce qui pouvait intéresser la prospérité du royaume et des sujets. Cette opération faite, les membres du tiers devaient élire à haute voix, parmi les plus notables de la ville, du bourg

(1) Le vaste territoire qui constituait la *grande sénéchaussée d'Anjou* et était soumis à l'autorité plus nominale que réelle des sénéchaux héréditaires d'épée, avait été subdivisé de bonne heure en plusieurs sénéchaussées : Angers, Baugé, Beaufort, Château-Gontier, La Flèche et Saumur. — La sénéchaussée de Saumur avait obtenu une représentation spéciale aux États-Généraux de 1789, comme en 1614.

ou de la communauté, un nombre de députés déterminés par l'article 31 du règlement (1). Les députés étaient chargés de porter le cahier de plaintes et de doléances à une assemblée préliminaire tenue au chef-lieu de chacune des sénéchaussées. A cette assemblée, les députés des villes, bourgs, villages et communautés, réunis sous la présidence de l'officier principal de la sénéchaussée, devaient fondre tous les cahiers en un seul, puis désigner le quart d'entre eux pour faire partie de l'assemblée générale. Ces nouveaux élus étaient chargés de porter le cahier de la sénéchaussée, en même temps que le procès-verbal constatant leur nomination, à l'assemblée générale des trois États, qui avait été fixée à Angers, le 16 mars. L'ordre du tiers réuni en séance particulière procèderait ensuite à la rédaction d'un seul cahier pour les cinq sénéchaussées et élirait enfin les députés aux États Généraux.

Comment les choses se passèrent-elles dans la ville d'Angers?

Les villes d'Angers et de Chalonnes-sur-Loire ne comptaient chacune que pour une unité dans le nombre des paroisses de la sénéchaussée. Mais comme il était impossible de réunir en une seule assemblée tous les membres du Tiers-État, le Roi avait ordonné des dispositions spéciales pour ces deux villes.

« Les habitants s'assembleront d'abord par corporations, disait le règlement royal, à l'effet de quoi les officiers municipaux seront tenus de faire avertir, sans minis-

(1) Chaque paroisse devait avoir au moins deux députés, trois au-dessus de 200 feux, quatre au-dessus de 300 feux, et ainsi de suite.

tère d'huissier, les syndics ou autres officiers principaux de chacune desdites corporations, pour qu'ils aient à convoquer une assemblée générale de tous les membres de leur corporation. — Les corporations d'arts et métiers choisiront un député à raison de cent individus et au-dessous, présents à l'assemblée; deux au-dessus de cent; trois au-dessus de deux cents, et ainsi de suite. — Les corporations d'arts libéraux, celles des négociants et généralement tous les autres citoyens réunis par l'exercice des mêmes fonctions, et formant des assemblées ou des corps autorisés, nommeront deux députés à raison de cent individus et au-dessous; quatre au-dessus de cent; six au-dessus de deux cents, etc. — Les habitants composant le Tiers-État qui ne se trouveront compris dans aucun corps, communauté ou corporation, s'assembleront à l'Hôtel de Ville au jour qui sera indiqué par les officiers municipaux, et il y sera élu des députés dans la proportion de deux députés pour cent individus et au-dessous, présents à ladite assemblée; quatre au-dessus de cent; six au-dessus de deux cents, et toujours en augmentant ainsi dans la même proportion. — Les députés choisis dans les différentes assemblées particulières formeront à l'Hôtel de Ville, et sous la présidence des officiers municipaux, l'*assemblée du Tiers-État de la ville*, dans laquelle assemblée ils rédigeront le cahier des plaintes et doléances de ladite ville, et nommeront des députés pour le porter aux lieu et jour qui leur auront été indiqués. »

En conséquence, par ordre du Procureur du Roi, l'huissier Henri Préau se présenta, le 14 février, à l'Hôtel de Ville d'Angers, pour signifier au maire et aux échevelins la lettre royale, le règlement et l'ordonnance du lieutenant particulier, qui furent aussitôt transcrits sur le registre des délibérations.

Le même jour, une nouvelle ordonnance du maire et

des échevins (1) avertit « toutes les compagnies, corps et communautés de s'assembler par corporation. » Quant aux habitants du Tiers-État non compris dans les corps, compagnies, communautés ou corporations, ils devaient se réunir dans la grande salle de la mairie le jeudi 26 février, à 8 heures du matin. Les députés nommés dans ces différentes assemblées particulières, formant le Tiers-État de la ville, se réuniraient à leur tour en assemblée générale le lundi 2 mars à l'Hôtel de Ville afin de fondre tous leurs cahiers en un seul, qui serait le cahier des plaintes et doléances de la ville d'Angers, et élire des députés pour le porter à l'assemblée préliminaire du Tiers-État de la sénéchaussée d'Angers, indiquée au 9 mars par le lieutenant particulier.

Ce dernier écrivait, le 14 février, au Garde des Sceaux : « En général, les esprits sont on ne peut mieux disposés. Les troubles de la Bretagne avaient un peu échauffé les têtes de notre jeunesse; mais tout est aujourd'hui dans la plus grande tranquillité. Il paraît même que si l'on pense dans les campagnes comme ici, les trois ordres pourraient rédiger le cahier en commun. » Les Angevins ne gardèrent pas leur calme jusqu'à la fin des opérations électorales, si on en juge par la lettre qu'écrivait à Barentin le Comte de la Galissonnière à la date du 6 mars :

(1) Elle fut lue et publiée au prône de la messe paroissiale le 22 février à Saint-Maurice et à Saint-Maurille, et dès le 15 février à Saint-Michel-du-Tertre, Saint-Pierre, Saint-Denis, Saint-Julien, Saint-Martin, Saint-Michel-de-la-Palud, Sainte-Croix, Saint-Evroult, Saint-Aignan, la Trinité, Saint-Laud, Saint-Jacques, Saint-Nicolas et Lesvière. Elle ne fut pas promulguée à Saint-Samson par les soins de la Municipalité de la ville d'Angers, parce que Saint-Samson était considéré comme paroisse rurale.

L'ordonnance des officiers municipaux d'Angers était signée : Claveau, maire; Desmazières, lieutenant du maire; Body, Fourmond, Deville, Guérin de la Piverdière, échevins; Raymbauld de la Douve, Bardoul, Murault, Planchenault de la Chevallerie, Bayon et Guérin des Brosses, conseillers.

« Les esprits me paraissent calmes et tranquilles dans la sénéchaussée de Saumur. Ils ne le sont pas également dans celle d'Angers (1). »

Cependant chaque corps, compagnie, communauté ou corporation tint sa réunion, pour rédiger un cahier de doléances et nommer des députés. Le 26 février, se réunirent à l'Hôtel de Ville (2) les membres du Tiers-État non compris dans les Compagnies; mais l'assemblée s'étant trouvée trop peu nombreuse, elle fut renvoyée au lendemain à 2 heures du soir. Le registre des délibérations de la Ville d'Angers contient les noms des 574 habitants du Tiers-État qui se réunirent le 27 février, sous la présidence du corps municipal. Douze députés furent nommés et on les chargea de rédiger eux-mêmes le cahier de plaintes et de doléances.

Comme il avait été ordonné, l'assemblée générale du Tiers-État de la ville se réunit le 2 mars, à 8 heures du matin, dans la grande salle de l'Hôtel de Ville, sous la présidence de la municipalité. Voici la composition de cette intéressante assemblée :

Jean-Baptiste-Louis de la Révellière et Aimé Couraudin de la Noue, députés du siège Présidial (3);

Body et Bougler de la Dainerie, députés du siège de la Police (4);

(1) *Archives nationales*, B III, 7.

(2) Aujourd'hui le *Musée paléontologique*, *Bourse du Travail*, etc., rue Jules Guitton.

(3) La Compagnie du Présidial s'assembla en la « chambre du Conseil » le 27 février. Étaient présents : Milscent, lieutenant particulier, Huvelin du Vivier, lieutenant général criminel, Ayrault, doyen, Gandon, Aubin de Nerbonne, Béguyer de Chamboureau, Boyleau, de la Revellière, Couraudin de la Noue, Brevet de Beaujour, avocat du roi, Bariller et Bodard, procureur du roi.

(4) L'assemblée des officiers de police eut lieu, le 19 février, dans la « chambre du Conseil de la police ». Y assistaient : Claveau, maire d'Angers et lieutenant général de la police, Body, échevin,

Louis-Jean Guillier de la Tousche, professeur en droit, et Louis-Étienne Brevet de Beaujour, avocat du Roi, députés de la Faculté des Droits de l'Université (1) ;

Gaudin du Plessis et Pantin, députés de la Faculté de médecine de l'Université (2);

Béguyer de Chambourcau et Marchand du Brossay, députés de la juridiction de la maréchaussée ;

Millet de la Borderie, procureur du Roi, député des Eaux et Forêts (3) ;

Claveau de la Gransière et Paulmier, président et lieutenant, députés de l'Élection (4) ;

Guillaume-Joseph-Christophe Bodinier et Pierre-René Choudieu, députés du Grenier à sel (5) ;

Planchenault de la Chevallerie, conseiller de ville, ces deux derniers conseillers de police, et Bougler, procureur du roi au siège de la police.

(1) L'assemblée de la Faculté de droit se tint, le 21 février, « en la salle basse des Grandes Écoles ». Présents : Louis-Jean Guillier de la Tousche, doyen et comte, Jacques-Louis Prevost de la Chauvellière, professeur royal en droit français, Jacques-Nicolas-René Gastineau et René-Louis-Marie Martineau, tous quatre docteurs-professeurs. Quatre docteurs agrégés assistèrent également à la séance : François Guillier de la Tousche, avocat, Thomas-Marie-Gabriel Desmazières, conseiller au Présidial, Louis-Étienne Brevet de Beaujour, avocat du roi à la sénéchaussée, et Jean-Louis Letellier, avocat.

(2) La *Faculté de Médecine* se réunit le 27 février. Étaient présents : Pantin, doyen, Choudieu, Berger, Guérin, Delaunay, Gaudin du Plessis, ancien, tous docteurs régents de la Faculté.

(3) Les officiers des « Eaux et Forêts d'Anjou en la maîtrise particulière d'Angers » procédèrent, le 28 février, à leur délibération à l'issue de l'audience de ce jour. Y prirent part : Filoche, garde-marteau, et Millet, procureur du roi à la maîtrise d'Angers.

(4) C'est le 26 février que les officiers de l'Élection tinrent leur assemblée dans « leur chambre du Conseil ». Y assistaient : Claveau, président; Paulmier, lieutenant; Rogeron, Boutin, Beauvoys, Chartier, tous quatre conseillers; Huchelou des Roches, procureur du roi.

(5) Le 28 février, les officiers du grenier a sel tinrent leur

Brehier de la Barre et Monnier, députés des Traites (1) ;

Claude-Jean Desmazières et Adrien Chotard, députés de la Monnaie (2) ;

Joseph Delaunay aîné et Jean-Louis Letellier, députés de l'ordre des Avocats (3) ;

Jean-François Riche et Charles Roussel de la Guérandrie, députés des Juges-Consuls (4) ;

Clément-François Lechalas et Mathurin Brevet, députés de la communauté des Notaires (5) ;

assemblée dans la « chambre du Conseil » de cette juridiction. Présents : Guillaume-Joseph-Christophe Bodinier, président; Pierre-René Choudieu, grainetier; François-Claude Sailland, contrôleur; François-René Gaudin du Plessis, procureur du roi.

(1) C'est le 19 février qu'eut lieu l'assemblée des officiers des Traites, tenue dans « la chambre du Conseil ». Présents : Brehier de la Barre, Monnier, Beauvais du Lisieux.

(2) Les officiers de la Monnaie firent leur réunion dans la maison de M. Desmazières, premier juge, président, rue Valdemaine; le second juge se nommait Adrien Chotard.

(3) Le 21 février fut tenue, dans la salle d'audience du palais, l'assemblée des avocats aux sièges présidial et sénéchaussée. Présents : Turpin du Genièbre, bâtonnier, Prévost de la Chauvellière, Brevet, Marchant du Brossay, Aubin de la Bouchetière, Delaunay l'aîné, Viger des Hubinières, Macé des Bois, Naurays de la Davière, Le Tellier et Bancelin.

(4) La juridiction consulaire tint sa réunion le 19 février, dans la « chambre du Conseil ». Étaient présents : Bedane-Beauvais, Commeau, Roussel-Tertrais, Macé de la Motte, Constantin-Richardière, Constantin le jeune, Coustard, Guérin aîné, Morin, Sartre-Poitevinière, Joûbert, Esnault-Dufresne, Coullion de la Douve père, Coullion de la Douve fils, Grille fils, Courballay, Michel Coullion de la Douve, Testu, Gouppil jeune. La juridiction consulaire fit imprimer son « cahier », qui est, du reste, remarquablement rédigé.

(5) Les « conseillers du Roi et de Monsieur notaires à Angers » tinrent leur assemblée dans une salle des religieux Jacobins, lieu ordinaire de leurs réunions. Présents : Lechalas, syndic, Carré, doyen, Thorode, notaire honoraire, Voisin, notaire honoraire, Trottier, Reyneau, Huard, Fourmond, Moron, Brevet, procureur, Leduc, Legendre, Hébert de la Rousellière et Audio.

Jean-Baptiste Coulonnier et Chollet, députés de la communauté des Procureurs (1) ;

Sigogne et Chesneau, députés des Notaires apostoliques (2) ;

Drely et Chassebeuf, députés de la communauté des marchands merciers-drapiers (3) ;

Jean-Baptiste-Roland Bunel et Jean-Michel Allard-Dupin, députés de la communauté des marchands épiciers, ciriers, chandeliers, confiseurs et distillateurs (4) ;

Clément Garnier-Lagrée et Gilles Chevreul aîné, députés de la communauté des chirurgiens (5) ;

Simon Goubault et Jean-Charles Ollivier, députés de la communauté des apothicaires ou pharmaciens (6) ;

(1) La communauté des procureurs de la sénéchaussée et présidial fit son assemblée le 21 février dans la salle d'audience du présidial. Y assistaient : Coulonnier, syndic; Chollet, procureur-syndic; Delaunay, doyen; Bretault, Rabouin, Marsille, Chaillou, Bouchet, Cahoreau, Allain, Maugars, Sigogne, Gautret, Bancelin, Fabre, Gendron, Grimault, Guibert, Papin.

(2) Les notaires royaux apostoliques de la ville et diocèse d'Angers se réunirent dans la maison du plus ancien d'entre eux, le 19 février. Présents : Rabouin le jeune, Sigogne, Chesneau et Valet.

(3) Les marchands merciers-drapiers se réunirent le 24 février dans le bureau de la communauté, au nombre de 66. Ils firent imprimer leur cahier de doléances.

(4) La communauté des marchands épiciers, ciriers, chandeliers, confiseurs et distillateurs tint sa réunion le 25 février « dans le bureau de ladite communauté ». L'assemblée se composait de 35 membres.

(5) Les *chirurgiens* se réunirent le 20 février « en leur chambre commune et de juridiction ». Présents : Clément Garnier-Lagrée, lieutenant du premier chirurgien du roi ; Jean-François Mirault, prévôt en charge; Gilles Chevreul aîné, Maurille Nepveu, Pierre Aveneau de la Croisnière, Louis-Jean Bretault, Louis-Joseph Baugé, Casimir-Jean Lachèse jeune, Clément Garnier fils aîné, procureur en charge, François-Claude Garnier de la Grosinière.

(6) Les maîtres en l'art de pharmacie tinrent leur assemblée dans leur chambre syndicale, chez les Révérends Pères Récollets

Charles-Pierre Mame, député des imprimeurs-libraires (1) ;

Pierre Pinel, député des boulangers (2) ;

Joseph-François Joubert, député des traiteurs, pâtissiers, rôtisseurs (3) ;

Jean-Baptiste Maussion, député des architectes, entrepreneurs, maçons, couvreurs et plombiers (4) ;

Tezé, député des maîtres de harnais ;

Nicolas Clairambault, député des cordiers (5) ;

Jean Lemonnier, député des vanniers (6) ;

Thomas Trauny, dit Labry, député des poêliers, chaudronniers, fondeurs, potiers d'étain (7) ;

Présents : Gabriel-Urbain Gouppil, doyen; Simon-Claude Goubault, syndic : Jean-Charles Ollivier, garde : Jean-Louis-Marie Coustard fils, Gabriel-Étienne-Jean Gouppil, garde; Pierre Roujou, garde ; Philippe Azemar.

(1) Les libraires-imprimeurs se réunirent le 25 février dans leur chambre syndicale. Présents : Jahier, imprimeur du roi ; Parisot, adjoint en charge ; Boutmy, libraire ; Tripier, libraire ; Mame, imprimeur-libraire, syndic en charge.

(2) Le 26 février, eut lieu l'assemblée des maîtres boulangers tenue dans le chapitre des religieux Jacobins. Il y avait 42 membres à la séance.

(3) Le 27 février, l'assemblée des maîtres traiteurs, pâteurs et rôtisseurs se tint dans le chapitre des Pères Jacobins. La réunion se composait de 24 membres.

(4) Le 26 février, eut lieu l'assemblée des maîtres entrepreneurs architectes, maçons, couvreurs, plombiers et autres y réunis, dans le chapitre des religieux Jacobins : 57 membres étaient présents.

(5) Le 25 février, les maîtres cordiers, au nombre de 20, tinrent leur assemblée chez l'un d'entre eux.

(6) C'est le 22 février que les maîtres vanniers, au nombre de 9, tinrent leur réunion dans le cloître des religieux Récollets.

(7) Le 24 février, les maîtres poêliers, chaudronniers, fondeurs, potiers d'étain se réunirent, au nombre de 10, dans la communauté des Pères Récollets.

**

René Courballay, député des tanneurs, corroyeurs, hongroyeurs, peaussiers et mégissiers (1) ;

Jean Daveau, député des charpentiers (2) ;

Louis-Jean-Mathurin Robert, député des sabotiers (3) ;

Jean Cormeray et Jacques Guillemet, députés des pelletiers, fourreurs, chapeliers, bonnetiers, fabricants de bas (4) ;

Pierre Sigogne, député des cartiers, cartonniers, feuilletiers et dominotiers (5) ;

Pierre-Gabriel Guespin et Mathurin Binet, députés des serruriers, maréchaux-ferrants, taillandiers, ferblantiers, éperonniers et cloutiers (6) ;

Louis Rabauld, député des couteliers, armuriers, fourbisseurs et autres ouvriers travaillant en acier (7) ;

Jacques Riberolles, député des menuisiers, ébénistes, tonneliers, tourneurs, layetiers et autres ouvriers en bois (8) ;

(1) Le 25 février, les maîtres tanneurs, corroyeurs, hongroyeurs, peaussiers et mégissiers tinrent leur assemblée dans la maison de leur syndic, au nombre de 17.

(2) C'est le 22 février que les maîtres charpentiers se réunirent dans la maison de leur syndic, au nombre de 14.

(3) Le corps des sabotiers se réunit le 25 février dans le chapitre des religieux Cordeliers, au nombre de 20.

(4) Le 23 février, les maîtres fabricants de bas, bonnetiers, chapeliers, pelletiers et fourreurs se réunirent, au nombre de 132, dans le Chapitre des religieux Minimes.

(5) Le 18 février, les maîtres cartiers, cartonniers, feuilletiers et dominotiers se réunirent, au nombre de 6, chez l'un d'eux.

(6) C'est le 22 février qu'eut lieu l'assemblée des maîtres maréchaux-ferrants, serruriers, taillandiers, ferblantiers, éperonniers, cloutiers et autres ouvriers en fer, tenue dans le Chapitre des religieux Augustins, au nombre de 104.

(7) Le 25 février, la communauté des maîtres couteliers, armuriers, fourbisseurs et autres ouvriers travaillant en acier, se réunit dans une chambre du couvent des religieux Récollets : l'assemblée se composait de 17 membres.

(8) C'est le 21 février que se réunirent, dans le Chapitre des reli-

Michel-François Wiot et René-Noël Lebiez, députés des orfèvres, joailliers, lapidaires, horlogers (1);

Pierre-Nicolas Tripier, député des relieurs et doreurs de livres (2);

Michel Davoust, député des passementiers (3);

René Daveau, député des fabricants de peignes (4);

Mathieu Tessier, député des teinturiers en soie, fil, laine et coton (5);

Vincent Chouteau et Claude Cheze, députés des cordonniers (6);

Lazare Dard, député des selliers, bourreliers, charrons (7);

René Bruaud, député des blanchisseurs des toiles (8);

David Lauzeral et Étienne Dugué, députés des tailleurs d'habits (9);

gieux Cordeliers, les maîtres menuisiers, ébénistes, tonneliers, tourneurs, layetiers et autres ouvriers en bois, au nombre de 90.

(1) Le 28 février, l'assemblée des marchands orfèvres, joailliers, lapidaires et horlogers se tint dans « le bureau de leur maison commune »; il y avait 14 membres.

(2) Le 26 février, les relieurs et doreurs de livres se réunirent chez l'un d'eux, au nombre de 6.

(3) C'est le 25 février que les marchands passementiers firent leur réunion chez l'un d'entre eux. Ils n'étaient que deux membres.

(4) Le 25 février, les fabricants de peignes, au nombre de 8, se réunirent dans la maison conventuelle des religieux Jacobins.

(5) C'est le 27 février que firent leur réunion, dans le Chapitre des religieux Augustins, les maîtres teinturiers en soie, fil, laine et coton. Ils n'étaient que 4 à l'assemblée.

(6) Le 26 février, les maîtres cordonniers en neuf et en vieux, au nombre de 108, se réunirent dans le Chapitre des religieux Cordeliers.

(7) C'est le 22 février que les maîtres selliers, bourreliers et charrons, au nombre de 27, firent leur réunion chez l'un d'entre eux.

8) Les maîtres blanchisseurs des toiles tinrent leur réunion le 23 février. La communauté ne se composait que de deux maîtres.

(9) Les maîtres tailleurs d'habits, au nombre de 104, firent leur assemblée, le 24 février, dans le Chapitre des religieux Minimes, lieu ordinaire de leurs réunions.

René Besnard fils aîné, député des bateliers ou voituriers par eau (1) ;

Pierre Bouchet, député des boutonniers (2) ;

Joseph Chiron, député des gainiers (3) ;

Jean Garciau, député des bouchers et charcutiers (4) ;

Joseph Rousseau, député des marbriers (5) ;

Pierre Louriau, député des potiers de terre, fruitiers, laitiers, herboristes, raisiniers, saciers (6) ;

Jean Favereau, député des huiliers (7) ;

Michel Beauvillé, député des tondeurs presseurs (8) ;

Étienne Fouasse, député des fabricants d'étoffe, soie, fil, laine et coton (sergers) (9) ;

Gabriel Bonsergent et Louis-Marie Parmentier, députés des cabaretiers, cafetiers, limonadiers et aubergistes (10) ;

(1) Le 24 février, les voituriers par eau se réunirent, au nombre de 11, sous les halles couvertes.

(2) C'est le 24 février que les boutonniers, au nombre de 6, se réunirent dans la maison de l'un d'entre eux.

(3) Le 27 février, l'unique gainier de la ville rédigea le procès-verbal de l'assemblée de sa corporation et se députa tout naturellement.

(4) C'est le 20 février qu'eut lieu l'assemblée des maîtres bouchers et charcutiers, chez l'un d'entre eux : il y avait 25 membres présents.

(5) Les maîtres marbriers, au nombre de 4, tinrent leur réunion chez l'un d'eux, le 24 février.

(6) La communauté des marchands de pots de terre, résine, fruits et sacs tint sa réunion le 22 février sous les halles couvertes ; il y avait 25 membres.

(7) Les marchands huiliers, au nombre de 15, se réunirent, le 22 février, dans le Chapitre des religieux Cordeliers.

(8) Les maîtres tondeurs presseurs se réunirent le 28 février, dans leur « maison ordinaire », au nombre de 3.

(9) C'est le 20 février que les maîtres fabricants d'étoffes, soies, fil, laine et coton se réunirent, au nombre de 6, dans le bureau des fabriques de cette manufacture.

(10) Les maîtres cabaretiers, aubergistes, cafetiers et limonadiers firent leur réunion, au nombre de 135, dans le Chapitre des religieux Minimes.

Claude Sinval, député des tapissiers, vendeurs de meubles en neuf et en vieux, et miroitiers (1);

Pierre Briquenen et Pierre Guillory aîné, députés des marchands de bois (2);

Augustin-Joseph Delerue, député des marchands de carreaux (3);

Jean Soreau et Henri Laîné, députes des perruquiers (4);

Thomas-Charles-Frédéric Arnoul, député des vitriers (5);

Mathurin Lemesle, député des filassiers et poupelliers (6);

Jean-Baptiste-René Marie, député des pêcheurs de Reculée (7);

François Charon, député des cardeurs, pelotonniers (8);

Mathieu Prudhomme, député des amidonniers.

Pierre Cesbron aîné, négociant, Félicité-Henri Delaunay, praticien, Symphorien Roullet, huissier à la juridiction consulaire, René Meslet, maître de grammaire, Charles-François-Jean Perard, bourgeois, Mamert Coul-

(1) Le 26 février, les maîtres tapissiers, vendeurs de meubles en neuf et en vieux et miroitiers se réunirent, dans leur bureau, au nombre de 21.

(2) Les négociants marchands de bois firent leur réunion, le 23 février, au nombre de 22, dans le bureau des marchands drapiers-merciers.

(3) Le 28 février, les marchands de carreau firent leur réunion, chez l'un d'eux : ils étaient 6 membres.

(4) C'est le 27 février qu'eut lieu l'assemblée des maîtres perruquiers, au nombre de 26.

(5) Le 22 février, se fit la réunion des maîtres vitriers, au nombre de 12, chez l'un d'entre eux.

(6) La réunion des marchands filassiers et poupelliers eut lieu le 1er mars, dans le parloir des religieux Augustins : ils étaient au nombre de 46.

(7) C'est le 22 février qu'eut lieu l'assemblée des maîtres pêcheurs, au nombre de 39, dans le cloître des religieux Capucins.

(8) Les maîtres cardeurs et pelotonniers se réunirent le 28 février, au nombre de 6, dans le Chapitre des religieux Minimes.

lion, bourgeois, Etienne Bardou, musicien, Jean-Etienne-François Cheintrier, architecte, Pierre-René Choudieu fils, bourgeois, Jean-Antoine Phelipeaux, bourgeois, Michel-Louis Talot, agrégé pour plaider à la juridiction consulaire, et François Hallopé, laboureur, députés des membres du Tiers-État n'appartenant à aucune compagnie, communauté ou corporation.

L'assemblée se composait des 101 membres que nous venons de nommer, auxquels il faut ajouter quatre officiers municipaux, qui prirent part au vote, savoir : Charles-Félix Claveau, écuyer, maire, capitaine général et lieutenant général de police, René-Jean-François Murault, conseiller, Deville et Guérin de la Piverdière, échevins (1).

Chaque corps, compagnie, communauté ou corporation avait chargé ses députés d'apporter un cahier de doléances, excepté les passementiers et les blanchisseurs de toiles qui n'en avaient point rédigé.

Il faut noter que huit corps ou corporations ne se firent point représenter, quoique régulièrement convoqués par les officiers municipaux. En voici la liste : la

(1) Il y eut du « tiraillement » à la séance du 2 mars. Un membre ayant demandé si on devait élire les 30 députés parmi les personnes présentes, les officiers municipaux répondirent affirmativement; les députés de l'ordre des avocats soutinrent énergiquement le contraire, et l'assemblée se rangea à leur avis. De plus, les avocats protestèrent contre le corps municipal qui prétendait voter par tête et non par procuration, comme les autres compagnies : « Il serait bien extraordinaire que l'Hôtel de Ville opinât individuellement, dirent-ils, tandis que le présidial, les compagnies, etc. », n'auraient qu'un ou deux députés. Les officiers municipaux tinrent compte de cette observation, et le lendemain, 3 mars, ils n'étaient plus que quatre à l'assemblée. — Dans sa séance du 24 mars 1789, le corps municipal traita de « cabale » ce qui s'était passé le 2 du même mois; à la suite de la réunion, le 3 mars, M. Desmazières, lieutenant de maire, donna sa démission, et M. Brevet de Beaujour, nommé échevin, démissionna également avant son installation.

Faculté des Arts de l'Université, les meuniers (1), les brodeurs, les billardiers, les tisserands, les charbonniers, les parfumeurs et les faïenciers.

Une Commission de 30 membres fut chargée de réunir en un seul tous les cahiers des corporations. Plusieurs jours furent employés à cette rédaction. Le 7 mars, le cahier fut terminé et approuvé (2), et ce jour-là l'assemblée nomma les 30 députés que le Roi avait assignés au Tiers-État de la ville d'Angers. Voici leurs noms :

Jean-François Riche, ancien consul;

Joseph Delaunay aîné, avocat;

Pierre-Marie Delaunay jeune, avocat, administrateur de l'Hôtel-Dieu;

Charles Roussel de la Guérandrie, ancien consul;

Mamert-Coullion, négociant;

Pierre Cesbron aîné, négociant;

Louis-Étienne Brevet de Beaujour, avocat du roi à la sénéchaussée;

Jean-Baptiste Sartre-Poitevinière, ancien consul, administrateur de l'Hôtel-Dieu;

Jean-Antoine Phelipeaux, bourgeois;

Pierre-Jean Guillory aîné, négociant;

Jean-Louis Letellier, avocat;

Joseph-François Joûbert, négociant, ancien consul;

Louis-François-Sébastien Viger des Hubinières, substitut des gens du roi à la sénéchaussée;

Michel-Louis Talot, postulant à la juridiction consulaire;

Pierre-René Choudieu fils, bourgeois;

Étienne-François Cheintrier, architecte;

(1) Les meuniers rédigèrent pourtant un cahier de doléances, qui est aux archives de l'Hôtel de Ville; par contre, le cahier du Présidial ne s'y trouve pas. Le corps de ville et plusieurs particuliers rédigèrent des cahiers, qui se trouvent au dossier.

(2) Voir le texte ci-dessous.

Auguste-Charles Fleuriot, avocat ;

Michel-François Viot, orfèvre ;

Jean-Baptiste-Louis de la Révellière, conseiller au présidial ;

Louis-Jean Guillier de la Tousche, professeur en droit ;

Jacques-Nicolas-René Gastineau, professeur en droit ;

Mathurin Brevet, notaire et secrétaire de l'Université ;

Charles-François-Jean Perard, bourgeois ;

René Meslet, grammairien ;

René-Louis-Marie Martineau, professeur en droit ;

Jean-Baptiste-René Marie, bourgeois ;

Aimé Couraudin de la Noue, conseiller au Présidial ;

Étienne Bardou, musicien ;

Symphorien Roullet, huissier ;

Charles-Pierre Mame, imprimeur-libraire (1).

Les députés de toutes les paroisses de la sénéchaussée d'Angers, munis des cahiers et des procès-verbaux constatant leurs pouvoirs, se présentèrent, le 9 mars, à l'assemblée tenue dans l'église abbatiale de Saint-Aubin. La réunion fut présidée par Marie-Joseph Milscent, conseiller du roi, lieutenant particulier civil de la sénéchaussée d'Anjou et siège présidial, conservateur des privilèges royaux de l'Université et de ceux de Saint-Jean-l'Évangéliste d'Angers, en présence du procureur du Roi et assisté du greffier Baret. Sur les 30 députés du Tiers-État de la ville d'Angers, deux négligèrent d'assister à la réunion : Pierre-René Choudieu fils et Charles-Jean-François Pérard.

(1) L'assemblée nomma six suppléants, dont voici les noms : Jean-Baptiste Coulonnier, procureur à la sénéchaussée, René-Noël Lebiès, horloger, Claude Sinval, marchand tapissier, François-Gilles Chassebeuf, marchand quincailler, Jean-Baptiste-Roland Bunel, marchand liquoriste, et Clément-François Lechalas, notaire. (*Archives municipales*, BB 133.)

Après le discours du président (1) eut lieu la vérification des pouvoirs. Puis tous les membres prêtèrent serment de procéder avec fidélité à la réduction de leurs cahiers en un seul et à l'élection de ceux qui représenteraient la sénéchaussée d'Angers à l'assemblée générale du 16 mars.

Au lieu de suivre la marche du règlement qui ordonnait la réduction de tous les cahiers des paroisses de la sénéchaussée en un seul, avant d'opérer la réduction au quart des députés, Milscent fit décider par l'assemblée que l'on commencerait par la réduction au quart (2). — Sur les 28 représentants de la ville d'Angers présents à l'assemblée, huit furent désignés par les suffrages pour faire partie de l'assemblée générale du 16 mars, savoir : Jean-François Riche, négociant, Louis-Étienne Brevet de Beaujour, avocat du roi, Pierre-Marie Delaunay, avocat, Charles Roussel de la Guérandrie, négociant, Jean-Baptiste Sartre-Poitevinière, négociant, Jean-Baptiste-Louis de la Révellière, conseiller au Présidial, Jacques-Nicolas-René Gastineau, professeur en droit, et Pierre Cesbron aîné, négociant.

On nomma ensuite une Commission de 26 membres chargés de réunir en un seul tous les cahiers des paroisses. Les députés de la ville d'Angers furent représentés au sein de cette Commission par l'un d'eux, Louis-Étienne Brevet de Beaujour, avocat du roi. Les séances de l'assemblée préliminaire ne durèrent que deux jours, le 9 et le 10. Pendant les quatre jours suivants, les commissaires tra-

(1) « L'assemblée a été ouverte par le *Veni Creator*, chanté par les Bénédictins de Saint-Aubin, dont nous avions pris l'église; ensuite une messe basse mais solennelle, après quoi j'ai prononcé le discours de l'ouverture. » (*Lettre de Milscent au Garde des Sceaux*, le 10 mars.)

(2) Pour opérer cette réduction au quart, Milscent divisa l'assemblée en 26 bureaux, et chaque bureau élut 8 membres.

vaillèrent à la rédaction du cahier de la sénéchaussée, qui fut approuvé par une dernière réunion de l'assemblée le 15 mars (1).

L'assemblée générale des trois ordres des sénéchaussées d'Angers, Baugé, Beaufort, Château-Gontier et La Flèche s'ouvrit le 16 mars, dans l'église Cathédrale d'Angers, sous la présidence du grand sénéchal d'épée héréditaire de la province d'Anjou et pays Saumurois, Augustin-Félix-Elisabeth Barrin, chevalier, comte de la Galissonnière, chef de nom et armes, seigneur de la sirerie et principauté de Pescheseul, du marquisat de la Guerche et autres lieux, maréchal des camps et armées du roi. Le clergé était placé à droite du président, la noblesse à gauche et le tiers en face. Après la messe du Saint-Esprit, le procureur du roi fit connaître à l'immense assemblée les ordres de Louis XVI. Le grand sénéchal prit alors la parole pour représenter aux électeurs l'importance des fonctions dont ils allaient s'occuper; la gloire du roi, la prospérité de la nation, l'honneur du nom français dépendaient de l'union de tous les ordres; Sa Majesté ne demandait qu'à être éclairée sur la situation et les vœux de ses peuples, et la vérité serait le plus digne hommage de leur reconnaissance. La fin de la séance de ce jour et la séance du lendemain 17 furent employées à la vérification des pouvoirs. Le matin du 18 mars, les membres des trois ordres prêtent serment de procéder fidèlement en leur âme et conscience à la ré-

(1) Une lettre anonyme, partie d'Angers le 10 mars, avertissait le ministère qu'il y avait eu des tiraillements à l'Hôtel de Ville lors de la réduction à 30 des députés des corporations. A la réunion du 16 mars, il y aura des bagarres, du moins c'est à craindre. Le régiment de Royal-Picardie, parti la veille pour Amiens avec deux cents hommes, ne laisse que les malades et les palefreniers au nombre de 90; il conviendrait de faire venir deux cents hommes de Royal-Roussillon, qui est à Saumur, ville où tout est paisible. (*Arch. Nat.*, B III, 7.)

daction d'un cahier général unique et à l'élection des députés aux États-Généraux. Sitôt la prestation de serment terminée, le président ordonne au clergé de se retirer dans l'église des Cordeliers, à la noblesse de se retirer dans la salle capitulaire de l'abbaye Saint-Aubin, au tiers de se retirer dans la grande salle de l'Hôtel de Ville, sous la présidence du lieutenant particulier de robe longue de la sénéchaussée d'Angers.

Commencée le 18 mars, l'assemblée des représentants des communes des cinq sénéchaussées se termina dès le 21. Dans les séances du 18 et du 19, on procéda en commun à la réduction des cinq cahiers en un seul; les 8 députés et les 4 suppléants furent élus le 20 et le 21 (1), ainsi que les correspondants de chaque sénéchaussée.

Sur les huit députés élus, six appartenaient à la sénéchaussée d'Angers. Louis-Etienne Brevet de Beaujour, avocat du roi, et Jean-François Riche, négociant, élus députés, faisaient partie des représentants de la ville d'Angers.

Avant de se séparer (2), l'assemblée du Tiers-État, pensant qu'il était important d'établir un bureau de correspondance dans chaque sénéchaussée, à l'effet de communiquer par écrit avec les députés et de leur faire passer tous les éclaircissements et instructions dont ils pourraient avoir besoin, nomma quatre membres du bureau de correspondance pour la sénéchaussée d'Angers et parmi eux deux furent pris dans les 28 représentants de la ville d'Angers : De la Révellière, et Couraudin de la Noue (3).

(1) Les trois scrutateurs nommés par l'assemblée furent : Jean-François Riche, *négociant*, Louis-Étienne Brevet de Beaujour, avocat du roi au présidial d'Angers, et Jacques Bariller de Pallée.

(2) M. de la Galissonnière écrivit à Barentin, le 21 mars : « Les choses se passent bien, et les ordres tranquilles se conduisent honnêtement à l'égard les uns des autres. »

(3) Cf. *Les élections du Tiers-Etat et la Sénéchaussée d'Angers*,

— Il ne nous reste plus qu'à donner le cahier des doléances du Tiers-État de la ville d'Angers, tel qu'il fut définitivement arrêté le 7 mars 1789 et présenté le surlendemain à l'assemblée préliminaire du Tiers-État de la sénéchaussée. Cette pièce inédite et inconnue (1) est conservée aux archives de la mairie d'Angers, avec tous les cahiers des compagnies et corporations qui ont servi à le composer (*série* AA).

***

Cahier de doléances, plaintes et demandes du Tiers-État de la ville d'Angers

Article préliminaire

Nos députés n'ont pouvoir d'opiner dans l'assemblée sur la formation des États Généraux, qu'autant que les suffrages y seront donnés à haute voix et recueillis par tête.

Constitution

Il sera fait une Chartre entre le Roi et la nation, qui contiendra les articles suivants :

1° La nation seule aura la puissance législative, et la puissance exécutrice restera dans les mains du roi;

2° Les lois faites par la nation dans son assemblée seront promulguées et enregistrées avant sa séparation;

3° La nation seule consentira l'impôt, le prorogera ou le supprimera;

article publié par M. l'abbé Uzureau dans l'*Anjou Historique* (septembre-octobre 1903).

(1) Le cahier du Tiers-État de la ville d'Angers et ceux des compagnies et corporations ne sont pas indiqués par M. Port dans son *Inventaire analytique des archives anciennes de la Mairie d'Angers*. (Angers, Cosnier et Lachèse, 1861.)

4° Elle seule en fera la répartition et la perception;

5° L'impôt frappera sur chaque citoyen de tous les ordres d'une manière proportionnée à ses propriétés et à ses facultés, sans distinction d'aucun privilège;

6° Il sera établi dans chaque province des États provinciaux indépendants de tous autres, formés par le choix libre de tous les citoyens, et le Tiers-État y sera représenté au moins pour moitié;

7° Leur autorité embrassera tous les objets relatifs au bien général et particulier de la province;

8° Leur constitution sera faite par les États Généraux, qui détermineront la durée de l'exercice des membres desdits États provinciaux, laquelle ne pourra être de plus de deux ans, et les mêmes membres ne pourront être continués plus d'une fois, mais ils pourront être élus de nouveau huit ans après la cessation de leur exercice;

9° Le Président desdits États sera pris alternativement dans tous les ordres;

10° Les États Généraux se tiendront à l'avenir tous les deux ans;

11° Ils ouvriront nécessairement le premier mai et ne pourront être séparés que lorsqu'il aura été statué sur tous les objets proposés;

12° Le roi convoquera les États Généraux avant le premier janvier pour ouvrir le premier mai, sinon ils se tiendront pour convoqués dans la forme arrêtée par les derniers États, et à cet effet les procureurs syndics des États provinciaux seront tenus de les convoquer avant le premier février, à peine d'en être responsables à la nation;

13° A chaque tenue des États Généraux, les ministres chargés de l'administration des finances de l'État seront tenus de rendre un compte exact, détaillé et public, par la voie de l'impression, de l'emploi des deniers et en seront personnellement responsables;

14° Les autres ministres du roi répondront également

au tribunal des États Généraux de toutes leurs opérations qui seraient jugées attentatoires soit à la liberté, soit à la propriété des citoyens, soit au bien commun de l'État;

15° En cas de prévarication ou même de négligence, il sera procédé par l'assemblée nationale à l'entière instruction de leur procès, sans qu'en aucun cas le roi puisse leur faire grâce;

16° Aucun citoyen ne pourra être privé de sa liberté civile et individuelle, qu'après qu'on aura observé contre lui les formes judiciaires et légales;

17° Tout esclavage sera éteint en France, sans qu'il puisse en rester aucun vestige;

18° Les députés aux États Généraux seront sous la sauvegarde du roi et de la nation, sans qu'en aucun cas ils puissent en être distraits;

19° La liberté de la presse sera entière et indéfinie;

20° Tous les ordres de l'État seront excités au bien public par les mêmes objets d'émulation et détournés du crime par les mêmes motifs de crainte; en conséquence, aucun emploi civil ou militaire, aucune dignité ecclésiastique ne pourront être remplis par les membres d'un ordre exclusivement à ceux d'un autre;

21° Les récompenses seront égales et les peines uniformes;

22° Toutes les professions et les états pourront être exercés sans être dérogatoires à la noblesse;

23° Une expédition légale et authentique de cette Chartre sera déposée dans les archives des États de chaque province et enregistrée dans tous les tribunaux du royaume;

— Nos députés aux États Généraux ne pourront, sous peine de désaveu, s'occuper de tout ce qui est relatif à l'impôt et à la législation, qu'on n'ait irrévocablement statué et arrêté les articles constitutionnels.

Législation

1° Le clergé cessera de faire un ordre distinct dans l'État et à ce titre de prendre part à l'administration des choses temporelles, sans néanmoins que ses membres en puissent être exclus individuellement comme citoyens;

2° Les abbayes, les prieurés commendataires, les chapitres et les collégiales, les bénéfices simples tant séculiers que réguliers, ceux en patronage laïque (les cathédrales exceptées), à mesure qu'ils viendront à vaquer, seront vendus à la nation, qui en emploiera le prix à l'acquittement des dettes du clergé, à l'amélioration du sort des curés et des vicaires et à la libération des dettes de l'État;

3° Les canonicats de chaque cathédrale seront remplis par des ecclésiastiques ayant au moins quinze années d'exercice du ministère dans le diocèse, et le choix en sera fait dans le chapitre présidé par son évêque;

4° Les États provinciaux feront une nouvelle distribution et arrondissement des paroisses; ils veilleront à ce que les revenus des curés soient raisonnablement fixés en fonds de terre à proximité de leur presbytère;

5° On supprimera les quêtes des vicaires, avilissantes pour eux et onéreuses au peuple, et on leur fera un traitement annuel de mille livres;

6° Les États provinciaux établiront dans chaque municipalité un bureau de charité pour le soulagement des pauvres;

7° La pragmatique sanction de Charles VII sera rétablie, sauf toutefois l'article concernant les réserves et les préventions qui ne pourra être exécuté, et encore à l'exception des droits de nomination aux prélatures qui continueront d'être attachés à la couronne dont ils sont une des plus glorieuses prérogatives;

8° Les États Généraux supprimeront sans retour les

annates, les taxes et autres subventions en cour de Rome; ils déclareront que les dispenses pour les empêchements de mariage seront accordées sans frais par les seuls archevêques et évêques;

9° Les empêchements de mariage pour cause de consanguinité seront réduits de cousins germains inclusivement;

10° Il sera fait un règlement concernant les réparations des biens de bénéfices, qui obligera chaque titulaire de payer une somme annuelle et proportionnelle à son revenu, afin que les héritiers n'en puissent être inquiétés : cette somme sera déposée dans le coffre de la fabrique du chef-lieu où le bénéfice est situé;

11° On fera exécuter les lois qui obligent les gens de mainmorte à la conservation et ensemencement des bois de leur bénéfice; ils seront astreints à en laisser croître le tiers en bois de futaie et les dites réserves ne pourront être abattues sans la permission des États provinciaux;

12° Les archevêques et évêques, comme premiers pasteurs de leurs diocèses, seront tenus d'y résider, et les États Généraux prendront en considération les moyens d'assurer l'exécution de cet article;

13° Les ordres religieux mendiants seront supprimés; en conséquence, il sera accordé à chacun d'eux une pension honnête. Tous les ordres rentés seront réduits et leurs maisons employées à des établissements publics;

14° Les vœux de religion ne pourront être prononcés avant l'âge de trente ans pour les hommes et vingt-cinq ans pour les femmes;

15° Il sera indiqué au plus tôt par le roi un concile national pour que l'Église de France puisse concourir à la réforme de quelques-uns des abus énoncés et pour qu'elle l'étende elle-même à toutes les autres parties de la discipline intérieure qui ont reçu quelque atteinte du relâchement général des mœurs.

Lois civiles

1° Les États Généraux s'occuperont de la suppression des droits féodaux en conciliant les intérêts respectifs des seigneurs et des censitaires;

2° Tous les cens, rentes et devoirs utiles, de quelque espèce qu'ils soient, ecclésiastiques et laïcs, seront convertis en simples redevances pécuniaires, amortissables au taux fixé par la loi;

3° Les terres seront déclarées de même nature, sans distinction de *nobles* et de *censives*; en conséquence, les droits de francs-fiefs seront anéantis;

4° Les droits de retrait féodal, de banalité, de chasse, de pêche, de fuie, de garenne, de minage et de corvées seront supprimés, en dédommageant les seigneurs pour ces droits bien fondés;

5° Chacun pourra racheter sur son fond les dîmes, soit laïques, soit ecclésiastiques, dont il est grevé;

6° La puissance publique appartient à l'État et réside essentiellement dans la personne du souverain qui le représente; elle ne doit pas être confiée aux seigneurs ni à leurs officiers, qui sont toujours tentés d'en réunir la propriété à l'exercice;

7° En conséquence, toute juridiction seigneuriale sera supprimée comme contraire à l'autorité du roi, au bien général de la nation et d'ailleurs onéreuse aux seigneurs;

8° La connaissance de la voirie appartiendra privativement aux États provinciaux et les arbres plantés le long des chemins continueront d'appartenir aux propriétaires riverains.

Tribunaux

1° Il sera établi dans chaque capitale de province une Cour souveraine qui jugera en dernier ressort toutes affaires civiles et criminelles;

2° Il sera, en outre, établi dans chaque arrondissement ou subdivision de province un bailliage ressortissant de la cour souveraine;

3° Chaque cour de justice sera composée par portion égale de nobles et de roturiers;

4° Les différents officiers qui composeront ces justices seront choisis, ceux de la cour souveraine par les États provinciaux, et ceux des bailliages par l'arrondissement;

5° L'acte de confirmation de Sa Majesté sur la présentation de chacun des officiers soit de la cour supérieure, soit du bailliage, sera délivré sans aucun frais;

6° Les officiers des cours souveraines et des bailliages seront gagés et payés convenablement par chaque province;

7° Toutes les dépenses nécessaires pour l'administration intérieure de chaque province seront ajoutées à la masse de son impôt pour ne faire qu'un seul tout, ce qui constituera l'impôt général de chaque province;

8° Les États Généraux aboliront la vénalité des charges; elles seront données au seul mérite personnel et il sera pourvu à leur remboursement;

9° Il sera rédigé un code civil, simple, précis et uniforme pour tout le royaume. Ce code sera celui de la nature et de la raison, en sorte qu'il exclue les usages locaux et particuliers et toutes les institutions arbitraires;

10° Tous les biens meubles et immeubles seront à l'avenir également partagés dans toute l'étendue du royaume entre les héritiers, sans aucune distinction de droit d'aînesse, attendu que la grande inégalité des fortunes qui résulte du contraire est vexatoire pour les individus et préjudiciable au bien général;

11° La loi des substitutions sera abolie comme injuste

en ce qu'elle frustre les créanciers, et comme absurde en ce qu'elle lie les vivants par la volonté des morts.

Lois criminelles

1° Il sera fait un code criminel, où entre autres articles il sera statué que l'on donnera des défenseurs aux accusés, que les procédures ne seront plus secrètes, que les peines de mort seront réduites au plus petit nombre de cas possible et que la loi qui ordonne la confiscation des biens des criminels sera révoquée;

2° En faisant les nouveaux codes civil et criminel, on aura pour but de simplifier la procédure, de sorte que la justice soit rendue le plus promptement et avec le moins de frais possibles;

3° Les ministres de la justice seront tenus de vaquer assidûment à l'exercice de leurs fonctions, sous peine de retranchement proportionnel de leurs gages;

4° Les charges de procureurs seront réunies à la profession d'avocat (1);

5° Toutes commissions et évocations seront supprimées, à moins qu'elles ne soient ordonnées et composées par les États Généraux.

Municipalités

1° Les municipalités des villes seront seulement composées d'un maire, quatre échevins, un procureur du roi et un secrétaire-trésorier;

2° Les officiers municipaux seront élus par la commune;

(1) Le 9 mars 1789, la communauté des procureurs au siège présidial et autres juridictions royales protesta contre cet article, parce que « le plus grand nombre des cahiers ne contenait absolument rien de relatif à cette suppression ».

3° Leurs pouvoirs seront réglés par les États provinciaux, ainsi que les appointements des secrétaires-trésoriers;

4° Les comptes de leur administration seront chaque année rendus publics par la voie d'impression;

5° Les charges municipales ne seront sujettes à aucune finance et n'auront aucun émolument ni privilège direct et indirect;

6° Au moyen de la nouvelle Constitution, les charges de lieutenant de police réunies aux municipalités en seront distraites pour être exercées par un seul titulaire.

Commerce

1° Les barrières des traites seront reculées sur les frontières, sans qu'il puisse subsister dans l'intérieur du royaume aucun droit de péage local et particulier;

2° Tout prêt d'argent à intérêt sur simple obligation et sans aliénation du capital sera déclaré légitime ;

3° L'intérêt de l'argent servira la proportion générale du produit des terres;

4° Toutes les lois contre les usuriers et les banqueroutiers frauduleux seront exécutées;

5° Il ne sera accordé aucune lettre d'État de répit ni d'arrêt de surséance;

6° Les juridictions consulaires connaîtront seules des faillites et de tous les incidents qui y seront relatifs;

7° Il sera accordé aux juridictions consulaires une ampliation de pouvoirs jusqu'à concurrence de deux mille livres, l'arbitration des dommages et intérêts non comprise, et les juges continueront de rendre la justice gratuitement;

8° Les consuls connaîtront de toute contestation entre marchands, voituriers et messagers, mêmes royaux;

9° Ils connaîtront également de l'exécution des règlements entre les marchands entrepreneurs de manufactures et leurs ouvriers;

10° Les consuls seront nommés par les États provinciaux et pris nécessairement dans le corps des négociants et marchands; le juge sera toujours le plus ancien des consuls;

11° Comme les corporations d'arts et métiers sont par leur industrie une portion précieuse de la nation, les États Généraux nommeront une Commission qui, avec les députés de leurs corporations, s'occupera de tous les objets de demandes qui les intéressent et leur procurera des règlements, en conséquence desquels les frais de visite des syndics et autres seront abolis et les veuves des maîtres jouiront pendant leur viduité des privilèges de maîtrise sans payer aucun droit;

12° Les corporations réunies par l'édit de 1777 et dont la réunion est préjudiciable au bien public, seront à l'avenir distinctes et séparées, et celles qui ont rapport les unes aux autres se réuniront si bon leur semble;

13° Tous règlements concernant les arts, métiers et manufactures faits dans les États Généraux ou par la Commission nommée à cet effet, ne pourront être changés que par la même autorité et sur la demande des parties intéressées;

14° Il n'y aura dans toutes les places de commerce du royaume qu'une seule et même échéance pour les lettres de change, billets et autres effets de commerce;

15° Il y aura même poids et même mesure dans tout le royaume et même titre pour l'or et l'argent;

16° Les ordres religieux et corps séculiers ne feront aucun commerce par eux ni par leurs domestiques, et les ordonnances portées à ce sujet seront rigoureusement exécutées;

17° Rien ne peut être plus avantageux à l'État que la grande liberté du commerce; mais il n'y a pas de précaution plus sage et plus utile que celle qui, dans une année d'abondance, mettrait chaque province dans le cas de ne pas craindre une année de stérilité. Un établissement de greniers d'épargne donnerait l'espoir à chaque province de se procurer continuellement à un prix modique une denrée de première nécessité, et le commerce ferait valoir au profit des propriétaires l'excédent du nécessaire à nos besoins.

Réformation des Études

Il sera établi deux Commissions, l'une pour procéder à la rédaction générale du nouveau code civil et du nouveau code criminel pour être présentée aux plus prochains États Généraux et y recevoir force de loi, l'autre pour s'occuper de la réforme des études si souvent demandée par l'Université d'Angers.

Impôts

Les États Généraux se feront représenter un état exact et détaillé des dépenses de tous les départements, afin d'opérer dans chacun d'eux les réformes dont ils seront susceptibles, et le roi sera supplié de concourir à toutes celles qui ne peuvent altérer en aucune façon l'éclat et la majesté du trône. Lorsque toutes ces dépenses auront été réduites au dernier terme possible et qu'on se sera bien assuré qu'il n'en existe plus que d'absolument indispensables, il sera dressé un état fidèle du déficit, et nos députés s'occuperont des moyens de le réparer. — Les États Généraux veilleront à ce que les titulaires des offices de finance supprimés par le nouveau plan d'administration (1) soient remboursés, sur le pied de leur évalua-

(1) Les intendants, fermiers, administrateurs et régisseurs généraux, les receveurs généraux et particuliers, les payeurs des rentes et tous agents du fisc.

tion en conséquence de l'édit de 1771, et à ce que ceux qui ne sont pas dans le cas du remboursement soient indemnisés de la perte de leur état par des pensions viagères proportionnées à leurs facultés, lesquelles pensions s'éteindront dans le cas où ils seraient assurés de leur subsistance par un autre emploi.

1° Tous les impôts actuellement existants, tels que gabelles, aides, les cinq grosses fermes et tous autres, sous quelque dénomination que ce soit, seront entièrement supprimés et remplacés par trois impositions directes qui frapperont d'une manière proportionnelle sur les propriétaires de tous les ordres, les capitalistes et les facultés personnelles;

2° Le contrôle sera supprimé comme impôt et ne sera conservé que comme un moyen d'assurer la date des actes; en conséquence, il sera fait un tarif simple, uniforme et indépendant de la qualité des personnes et de la valeur des objets;

3° Tous autres droits domaniaux, tels que le centième denier, l'insinuation tarifiée, droits réservés et autres unis au domaine, seront supprimés, ainsi que les insinuations ecclésiastiques;

4° Les offices de receveurs des consignations, de commissaires aux saisies réelles, de jurés priseurs, ainsi que tous les autres offices qui sont autant d'impôts indirects, seront supprimés, et les fonds des caisses desdits offices seront versés dans la caisse des États provinciaux, dont le receveur sera comptable aux parties et personnellement contraignable par corps, sur la simple ordonnance du juge;

6° Nos députés n'ont pouvoir de consentir l'impôt que jusqu'au terme qui sera fixé pour la prochaine tenue des États Généraux;

6° Il sera fait un tarif pour les droits que les notaires perçoivent;

7° La vente générale des domaines sera ordonnée et le roi sera supplié de s'expliquer sur les maisons royales qu'il lui plaira de réserver;

8° Les ventes des domaines non engagés seront perpétuelles et irrévocables;

9° Il sera fait un rachat de tous les domaines engagés qui seront aussi vendus au plus offrant en réservant la préférence aux engagistes;

10° Les États Généraux fixeront la portion d'impôt que doit supporter chaque province en raison de sa population et de sa valeur;

11° Les États provinciaux fixeront la contribution de chaque arrondissement; chaque arrondissement, la contribution de chaque paroisse; et la commune de chaque paroisse fixera la contribution de chaque particulier;

12° La perception de l'impôt se fera par chaque paroisse et par ses préposés;

13° Chaque paroisse versera directement entre les mains du trésorier général de la province, qui versera lui-même directement au trésor royal;

14° Les apanages des princes seront supprimés et les États Généraux offriront aux princes une indemnité qui leur sera agréable;

15° Il sera fait un tarif pour les droits que les notaires percoivent (*répétition*).

16° Aucune charge ou place ne pourra être annoblie;

17° Il serait à désirer que la paie du soldat fût augmentée proportionnellement à la valeur des denrées et que les États Généraux pussent remplacer nos troupes étrangères par des troupes nationales soldées et entretenues par chaque province, ce qui supprimerait le tirage des milices et les abus des recrues par enrôlement, et jusqu'à ce remplacement les États provinciaux fourniront chaque année le nombre de soldats qu'exigeront les besoins de l'État et relatifs à la population de la province;

18° Le roi sera supplié de ne confier la garde de sa personne qu'à des Français;

19° Les États Généraux aviseront aux moyens d'augmenter les maréchaussées;

20° Les logements de gens de guerre, les patrouilles et les corvées seront aux frais des États provinciaux, ainsi que les confections et réparations des chemins de la province;

21° Tout le monde reconnaît la nécessité d'encourager l'agriculture et de soulager les habitants des campagnes. Cependant on ne donne aucune distinction ni récompense au bon cultivateur; la portion si essentielle des citoyens qui fertilisent nos campagnes, est sans secours dans les infirmités que multiplie un travail pénible; un chirurgien peu instruit est souvent l'unique ressource de trois ou quatre paroisses; des femmes sans expérience président à la naissance des citoyens des campagnes et à la conservation de la mère; les écoles vétérinaires trop peu encouragées ne donnent pas assez d'élèves aux campagnes pour la guérison des bestiaux. En conséquence, les États Généraux prendront ces objets en considération;

22° (*Répétition d'un article précédent*);

23° Les États provinciaux rendront compte de leur administration tous les ans à des commissaires nommés par la province, lesquels ne pourront être pris parmi les membres sortants ou entrants dans les États provinciaux;

24° On nommera quatre adjoints aux huit députés pour les aider et seconder dans tous leurs travaux, et les remplacer sans délai à l'assemblée des États Généraux en cas de mort ou d'absence légitime;

25° Il sera formé dans la capitale de la province une

chambre de correspondance composée de huit membres dont quatre seront résidents dans ladite capitale et chacun des quatre autres résident dans les capitales des sénéchaussées secondaires, pour entretenir les relations nécessaires avec les députés du Tiers-État de la province d'Anjou;

26° Il sera alloué à chaque député et adjoint la somme de douze livres par jour, à compter du jour de leur arrivée à Versailles, non compris les frais de voyage arbitrés à quatre cents livres, lesquelles sommes seront payées par la province et avancées par les municipalités des villes principales des différents bailliages;

27° Les membres de la chambre de correspondance n'auront aucun appointement, mais ils seront remboursés de leurs frais par la province;

28° Tout ce qui sera dit, fait et arrêté aux États Généraux chaque jour, sera fidèlement imprimé, distribué et rendu public.

Arrêté à Angers, le 7 *mars* 1789.

Riche; Delaunay; Roussel; Delaunay le jeune, avocat; Mamert-Coullion; Cesbron l'aîné; Brevet de Beaujour; Sartre-Poitevinière; Phelipeaux; Guillory; Le Tellier; Joûbert; Fleuriot; Viger; Talot; Choudieu fils; Viot fils; Chentrier; De la Revellière; Guillier de la Tousche; Gastineau; Brevet; Perard; Meslet; Martineau; Couraudin de la Noue; Marie; Mame; Roulet; Bardou; Murault; Claveau.

***

Le « Cahier de doléances, plaintes et demandes du Tiers-État de la ville d'Angers », que nous venons de publier pour la première fois, servit plus que tout autre à composer les « Vœux et demandes des communes des cinq sénéchaussées de la province d'Anjou rédigés dans l'assemblée générale d'Angers, le 19 mars 1789, pour être présentés à l'assemblée des États Généraux ». Ce dernier cahier, imprimé à Angers en 1789, a été reproduit dans les *Archives Parlementaires* et par M. Bougler à la fin de son ouvrage sur le *Mouvement provincial en* 1789 (Paris, Didier, 1865).

Quant aux deux députés du Tiers-État de la ville d'Angers, l'un d'eux, Jean-François Riche, survécut à la Révolution et mourut dans les dernières années de l'Empire, et le second, Louis-Étienne Brevet de Beaujour, fut guillotiné à Paris le 15 avril 1794. Les deux correspondants, Jean-Baptiste-Louis de la Revellière et Aimé Couraudin de la Noue, eurent un sort identique à Louis-Étienne Brevet de Beaujour et montèrent sur l'échafaud en même temps que lui. C'est pour avoir été favorables au fédéralisme que le tribunal révolutionnaire de Paris les condamna à mort.

Extrait des Mémoires de la Société nationale d'Agriculture, Sciences et Arts d'Angers (Année 1911).

Angers, imp. G. Grassin. — 965-12.

www.ingramcontent.com/pod-product-compliance
Ingram Content Group UK Ltd.
Pitfield, Milton Keynes, MK11 3LW, UK
UKHW021937200726
13855UKWH00007B/1437

9 782013 041393